Der goldene Dragoner

Der goldene Dragoner

Märchen und Gedichte
für Kinder ab sechs Jahren

ausgewählt von Dagmar Fink
illustriert von Bettina Stietencron

Verlag Freies Geistesleben

Die Deutsche Bibliothek – CIP-Einheitsaufnahme

Der goldene Dragoner: Märchen und Gedichte für Kinder ab
sechs Jahren / ausgew. von Dagmar Fink. Ill. von Bettina Stietencron. –
Stuttgart: Verlag Freies Geistesleben, 1995

ISBN 3-7725-1553-3

NE: Fink, Dagmar [Hrsg.]

© 1995 Verlag Freies Geistesleben GmbH, Stuttgart
Einband: Bettina Stietencron
Druck: Clausen & Bosse, Leck

Inhalt

Märchen

Die weiße Taube	8
Die Königstochter in der Flammenburg	10
Der gläserne Berg	15
Der Vogel Nagai	22
Pünktchen	26
Der himmelhohe Baum	34
Der lahme Hund	41
Das goldene Schloß	49
Der dumme Jemelja	55
Von den zwölf Monaten	64
Die sieben Brüder mit den Zaubergaben	72
Magetpell	77
Das Märchen von der klugen Katze	85
Jungfer Svanwita	92
Der schnelle Bote	102
Die drei Goldäpfel	109
Kari Holzrock und der blaue Stier	120
Das Borstenkind	134
Der Zauberspiegel	144
Der König der Raben	154
Der dreizehnte Sohn des Königs von Irland	165
Der Waldkönig Och	176
Die drei Haare der kleinen Müllerin	186
Der dankbare Königssohn	192
Der goldene Dragoner	207

Gedichte

Neujahrsnacht *Josef Guggenmos*	7
Frühlingstraum *Friedrich Rückert*	13
Oh! Vögelchen mein Frühlingskind *Friederike Mayröcker*	14
Die Vögel und der Bach *Josef Guggenmos*	21
Akelei *Josef Guggenmos*	25
Ruf des Troll *Spruch aus Norwegen*	33
Lied entlang dem Ackerrain *Reiner Kunze*	40
Der Sommer *Christine Busta*	48
Der Wind und das Meer *Reiner Kunze*	54
Rätsel *Friedrich Schiller*	63
Traumwald *Christian Morgenstern*	71
Reviere *Arthur Steiner*	71
Hundertzwei Gespensterchen *James Krüss*	76
Die allerkleinste Poststation *James Krüss*	84
Wo holt sich die Erde die himmlischen Kleider? *Christine Busta*	91
Alter Teich in Ruh *Matsuo Bashô*	100
Wie ertrunken, wie versunken *Josef Guggenmos*	100
Sommernacht im Hochwald *Christian Morgenstern*	119
Der Wassermann *August Kopisch*	132
Einhorn *Friedrich Schnack*	153
Eine gelbe Gladiole *Friederike Mayröcker*	164
Segenswunsch *altirisch*	175
Abendstrophe für Kinder *Wolfgang Bächler*	185
Die Wahrheit *Aus den Upanishaden*	206
Wenn nicht mehr Zahlen und Figuren *Novalis*	225
Nachwort	217
Anmerkungen und bibliographische Nachweise	
– zu den Märchen	226
– zu den Gedichten	236

Die Königstochter in der Flammenburg

Es war einmal ein armer Mann, der hatte so viele Kinder, als Löcher sind in einem Sieb. Er hatte alle Leute in seinem Dorf schon zu Gevatter gehabt; als ihm nun wieder ein Söhnlein geboren wurde, setzte er sich an die Landstraße, um den ersten besten zu Gevatter zu bitten.

Da kam ein alter Mann in einem grauen Mantel die Straße hinan, den bat er, und dieser nahm den Antrag willig an, ging mit und half den Knaben taufen. Der alte Mann aber schenkte dem Armen eine Kuh mit einem Kalb, das war an demselben Tage wie der Knabe zur Welt gekommen. Es hatte vorn an der Stirn einen goldenen Stern und sollte dem Kleinen gehören.

Als der Knabe größer war, ging er mit seinem Rind, das nun ein großer Stier geworden war, jeden Tag auf die Weide. Der Stier aber konnte sprechen, und wenn sie auf dem Berg angekommen waren, sagte er zum Knaben: «Bleibe du hier und schlafe, indes will ich mir schon meine Weide suchen!»

Sowie der Knabe schlief, rannte der Stier wie der Blitz fort und kam auf die große Himmelswiese und fraß hier goldene Sternblumen. Wenn die Sonne unterging, eilte er zurück, weckte den Knaben und dann gingen sie nach Hause. So geschah es jeden Tag, bis der Knabe zwanzig Jahre alt war.

Da sprach der Stier eines Tages zu ihm: «Jetzt sitz mir zwischen die Hörner, und ich trage dich zum König, dann verlange von ihm ein sieben Ellen langes eisernes Schwert und sage, du wollest seine Tochter erlösen.»

Bald waren sie an der Königsburg. Der Knabe stieg ab, ging vor den König und sagte, warum er gekommen sei. Der gab dem Hirtenknaben gern das verlangte Schwert, aber er hatte keine große Hoffnung, seine Tochter wiederzusehen, denn schon viele kühne Jünglinge hatten es vergeblich gewagt, sie zu befreien.

Es hatte sie nämlich ein zwölfhäuptiger Drache entführt, und dieser wohnte weit weg, wohin niemand gelangen konnte. Denn zum ersten war auf dem Wege dorthin ein hohes unübersteigliches Gebirge, zweitens ein weites und stürmisches Meer, und drittens wohnte der Drache in einer Flammenburg. Wenn es nun auch jemandem gelungen wäre, über das Gebirge und das Meer zu kommen, so hätte er doch durch die mächtigen Flammen nicht hindurchdringen können, und wäre er glücklich durchgedrungen, so hätte ihn der Drache umgebracht.

Als der Knabe das Schwert hatte, setzte er sich dem Stier zwischen die Hörner, und im Nu waren sie vor dem großen Gebirgswall.

«Da können wir wieder umkehren», sagte er zum Stier, denn er hielt es für unmöglich, hinüberzukommen. Der Stier aber sprach: «Warte nur einen Augenblick!» und setzte den Knaben zu Boden. Kaum war das geschehen, so nahm er einen Anlauf und schob mit seinen gewaltigen Hörnern das ganze Gebirge auf die Seite, so daß sie weiterziehen konnten.

Nun setzte sich der Stier den Knaben wieder zwischen die Hörner, und bald waren sie am Meer angelangt. «Jetzt können wir umkehren», sprach der Knabe, «denn da kann niemand hinüber!»

«Warte nur einen Augenblick!» sprach der Stier, «und halte dich an meinen Hörnern fest.» Da neigte er den Kopf zum Wasser und soff und soff das ganze Meer auf, so daß sie trockenen Fußes wie auf einer Wiese weiterzogen.

Nun waren sie bald an der Flammenburg. Aber da kam ihnen schon von weitem eine solche Glut entgegen, daß der Knabe es nicht mehr aushalten konnte. «Halte ein!» rief er dem Stiere zu, «nicht weiter, sonst müssen wir verbrennen.» Der Stier aber lief ganz nahe und goß auf einmal das Meer, das er getrunken hatte, in die Flammen, so daß sie gleich verlöschten und einen mächtigen Qualm erregten, von dem der ganze Himmel mit Wolken bedeckt wurde.

Aber nun stürzte aus dem fürchterlichen Dampfe der zwölfhäuptige Drache voll Wut hervor.

«Nun ist es an dir», sprach der Stier zum Knaben, «sieh zu, daß du dem Ungeheuer alle Häupter auf einmal abschlägst!»

Der Knabe nahm alle seine Kraft zusammen, faßte das gewaltige Schwert mit beiden Händen und versetzte dem Ungeheuer einen so geschwinden Schlag, daß alle Häupter herunterflogen. Aber nun schlug und ringelte sich das Tier auf der Erde, daß sie erzitterte. Der Stier aber nahm den Drachenrumpf auf seine Hörner und schleuderte ihn nach den Wolken, so daß keine Spur mehr von ihm zu sehen war.

Dann sprach er zum Knaben: «Mein Dienst ist nun zu Ende. Gehe jetzt ins Schloß, da findest du die Königstochter, und führe sie heim zu ihrem Vater!»

Damit rannte er fort auf die Himmelswiese, und der Knabe sah ihn nicht wieder.

Der Junge aber fand die Königstochter drinnen, und sie freute sich sehr, daß sie von dem garstigen Drachen erlöst war. Sie fuhren nun zu ihrem Vater, hielten Hochzeit, und es war große Freude im ganzen Königreich.

Frühlingstraum

Grün ist der Jasminenstrauch
abends eingeschlafen;
als ihn mit dem Morgenhauch
Sonnenstrahlen trafen,
ist er schneeweiß aufgewacht.
«Wie geschah mir in der Nacht?»
Seht, so geht es Bäumen,
die im Frühling träumen!

Friedrich Rückert

Oh! Vögelchen mein Frühlingskind

Oh! Vögelchen mein Frühlingskind
horch! in meinem Blumengarten
ist heute Frühlingserwachen
alle Blumen alle Zweiglein alle Würmchen sind da
alle Rapunzelchen alle Häslein
alle Goldpfeilchen aus Sonne
alle Rößlein alle Riesenwolken alle Teufelskrallchen
alle Sandkörner alle Steine alle Grün-Knospen

oh! mein Vögelchen mein Frühlingsrabe
mein schöner weißer Rabe
mein Frühlingsherz

sie fragen alle: wo ist er denn?
wo bleibt er? wann kommt er?
unser Frühlings-Meister unser Weiß-Rabe
unser Wolkenpfeifer
unser Himmels-Mann

ihr müßt ihn suchen gehen gebe ich zur Antwort
ihr müßt ihn suchen
er hat sich in den Frühling verwandelt
in die vielen bunten Blumen in die Knospenherzen
in die Schleierwolken in mein Sattelpferdchen
in die Muschel-Möwe ins grüne Gras
ja & er schaut uns an mit Vergißmeinnicht-Augen &
er winkt uns mit blaßgrünen Blätter-Händen &
er grüßt uns an der süßesten Himmelspforte
mit seiner gelockten Stimme
mit seinem schimmernden Mund

Friederike Mayröcker

Der gläserne Berg

Es war ein Vater, der hatte drei Kinder, zwei waren Knaben, eines ein Mädchen. Nach dem Tode ihrer rechten Mutter bekamen sie eine Stiefmutter, die aber hatte die Kinder nicht lieb, besonders die beiden Knaben nicht. Sooft sie diese ansah, gab sie ihnen Schimpfnamen und verwünschte sie. «Daß ihr doch zu Raben würdet!» rief sie so manches Mal aus. Der Mann ermahnte sie und sprach: «Weib, verwünsche meine Kinder nicht, es könnte ihnen oder dir selbst etwas Böses widerfahren.» Aber sie achtete nicht darauf, und als sie die Knaben wieder einmal ansah, rief sie voller Zorn: «Daß ihr doch zu Raben würdet!» Kaum hatte sie es gerufen, so wurden sie wirklich zu Raben. Sie setzten sich auf einen Baum vor dem Hause und warteten, bis die Schwester heimkäme. Als sie kam, krächzten sie traurig und nahmen Abschied von ihr.

Die Schwester wußte sogleich, daß sie auf den gläsernen Berg verwünscht waren, nur wußte sie nicht, wo der gläserne Berg zu finden war. Sie machte sich auf den Weg, um die Brüder zu suchen. Lange, lange wanderte sie. Endlich kam sie zum Sonnenherrn und fragte ihn, ob er nicht von dem gläsernen Berg wüßte, auf den eine Zauberin ihre zwei Brüder verwünscht habe.

«Ich wanderte den weiten Weg zu dir.
Erbarme dich meiner und rate mir!»

Der Sonnenherr antwortete: «Ich leuchte den ganzen Tag, aber auf den gläsernen Berg habe ich noch niemals geleuchtet. Geh zu meinem Bruder, dem Mondherrn und frage diesen. Hier aber gebe ich dir zum Andenken ein Kleid. Verwahre es in einer Nußschale!» Sie nahm das Kleid, verwahrte es in einer Nußschale, bedankte sich und wanderte zum Mondherrn.

Zu ihm sprach sie: «Mich schickt dein lichter Bruder, der Sonnenherr, damit ich dich, den Mondherrn frage, ob du nicht von dem gläsernen Berg wissest, auf den eine Zauberin meine zwei Brüder verwünscht hat.

Ich wanderte den weiten Weg zu dir.
Erbarme dich meiner und rate mir!»

Der Mondherr antwortete: «Ich leuchte des Nachts auf liebliche und unheimliche Orte, auf hohe Felsen und in tiefe Schluchten, aber von dem gläsernen Berg weiß ich nichts. Ich rate dir aber, geh zu meinem Vetter, dem Windherrn, und frage ihn. Hier gebe ich dir zum Andenken ein Kleid, verwahre es in einer Nußschale!» Sie nahm das Kleid, verwahrte es in einer Nußschale, bedankte sich und wanderte zum Windherrn. Der Mondherr leuchtete ihr in der Dunkelheit.

Als sie hinkam, sprach sie: «Mich sendet dein Vetter, der Mondherr, damit ich dich, den Windherrn frage, ob du von dem gläsernen Berg wissest, auf den eine Zauberin meine zwei Brüder verwünscht hat.

Ich wanderte den weiten Weg zu dir.
Erbarme dich meiner und rate mir!»

Der Windherr antwortete: «Ich blase nun schon Jahrhunderte lang, aber so weit habe ich noch nie geblasen. Wart ein wenig, ich will gehen und blasen. Reiche ich hin bis zum gläsernen Berg, so bin ich gewiß, daß ich dir helfen kann.» Nach einer Weile kam er zurück und sprach: «Ich habe bis dorthin geblasen. Deine Brüder sind am Leben und befinden sich wohl. Du kannst zu ihnen kommen, doch mußt du tun, was ich dir rate. Hier hast du einen Windsattel. Setz dich auf ihn, und ich werde blasen. Hier hast du auch kleine runde Steine. Verliere ich meine Kräfte und vermag nicht mehr zu blasen, so lege ein Steinlein an den gläsernen Berg, es wird dort haften bleiben. Tritt darauf, sonst rutscht dir der Fuß aus. Hab' ich ausgeruht, so reiten wir weiter. Und hier hast du auch ein Kleid, es wird dir gute Dienste leisten. Verwahre es in einer Nußschale.»

Sie verwahrte das Kleid in einer Nußschale, setzte sich auf den Sattel und ritt. Der Windherr blies und blies, zuletzt aber begann er zu ermatten. Sie heftete ein rundes Steinlein an den gläsernen Berg und stand darauf, solange der Windherr sich ausruhte. So rastete sie einige Male, bis zuletzt kein Steinlein mehr übrig war. Wieder klagte der Windherr, daß seine Kräfte nachließen, in dem Augenblick aber setzte sie den Fuß auf den Gipfel des gläsernen Berges.

Das Mädchen dankte dem Windherrn, der sogleich zurückkehrte. Die beiden Brüder, die Raben, erkannten ihre Schwester und riefen: «Herzliebste

Schwester, wie hast du uns hier gefunden?» Sie entgegnete: «Ich war bei dem Sonnenherrn, dem Mondherrn und dem Windherrn, und er blies mich her. Ich bin gekommen, um euch zu fragen, wie ich euch erlösen kann.»

«Oh, uns zu retten, ist ein zu schweres Werk», sagten die Brüder traurig, «das wirst du nie vollbringen können!» – «Ich gelobe euch, daß ich euch retten werde!» rief die Schwester. Da gaben sie ihr einen Pelz aus Mäusefellen und sagten: «Wohlan! Du darfst drei Jahre lang kein Wörtchen sprechen, stumm mußt du leiden und dein Schicksal tragen, selbst wenn du an den Galgen kämest. Und nun geh als Bettlerin in die Welt.» Sie schritt vom gläsernen Berg hinab, wobei ihr die Brüder halfen.

Nun wanderte sie, bis sie zu einem Schloß gelangte, in dem viele Diener waren, und wo ein großes Fest gefeiert wurde. Der König des Landes wollte sich eine Gemahlin wählen. Eben versammelten sich die Gäste, als auch die Bettlerin in ihrem Pelz aus Mäusefellen ins Schloß gelangte.

Man ließ sie ins Schloß und gab ihr das Federvieh zu besorgen. Als sie gefragt wurde, ob sie den Dienst annehmen wollte, nickte sie bloß mit dem Kopf. Das Fest dauerte mehrere Tage. Es kam der Abend, an dem der König wählen wollte. Sie fühlte Lust, das Fest zu sehen, zog das Kleid des Sonnenherrn an und ging in den Saal. Da sprach der König zu seiner Schwester: «Sieh nur! Die Prinzessin gefällt mir! Welchen Königs Tochter mag sie sein?» Doch sie verlor sich bald in der Menge, hüllte sich wieder in den Mäusepelz und ging zu ihren Hühnern. Alles wunderte sich, daß sie so einfach verschwunden war. Der König aber befahl, man möge am nächsten Abend achten, wem er zu trinken reiche.

Am anderen Abend zog sie das Kleid des Mondherrn an und ging wieder in den Saal. Der König erkannte sie sogleich, reichte ihr zu trinken, und ließ seinen Ring in den Becher fallen. Doch sie verlor sich bald in der Menge, hüllte sich wieder in den Mäusepelz, ging zu ihren Hühnern und war nicht mehr zu finden.

Da befahl der König: «Habt acht, ob sie am dritten Abend kommt. Ich wähle keine andere zur Gemahlin!» – «Wir wollen sie kennzeichnen», sagte einer der Diener, «so kann sie uns nicht verlorengehen.»

Am dritten Abend zog sie das schönste Kleid, das des Windherrn, an und trat in den Saal. Der Diener tupfte ihr, ohne daß sie es merkte, mit einer Farbe auf die Hand. Als sie sich nun in der Menge verloren hatte, suchte man überall, bis man zu der Hühnermagd kam, die im Mäusepelz bei ihren

Hühnern schlief, und die war's, die das Kennzeichen an der Hand trug. Alles murrte, daß der König ein solches Wesen zur Gemahlin nehmen wollte, aber der König bestand darauf und vermählte sich mit ihr.

Drei Vierteljahre verstrichen, ohne daß sie ein Wörtlein sprach. Da mußte der König in den Krieg ziehen; sie aber blieb daheim und gebar einen Knaben mit einem Stern auf der Stirn. Die Hebamme nahm den Knaben, ging mit ihm zum Fluß und wollte ihn ertränken. Auf einem Strauch beim Flusse saß ein Rabe und krächzte. «Du bist mir lieber als das Wasser», rief die Hebamme, «du wirst mich nicht verraten. Da, nimm dir das Kind!» Der Rabe nahm das Kind in seine Krallen und flog davon. Der Mutter sagte man, daß sie eine Mißgeburt zur Welt gebracht habe, die man ihr gar nicht zeigen könne und verspottete sie. Und als der König aus dem Krieg heimkam, erzählte man ihm dasselbe. Sie aber sprach kein Wörtlein.

Nach einiger Zeit mußte der König abermals in den Krieg. Die Königin weinte, denn sie fürchtete, man würde sie aus dem Leben tilgen, bevor der König zurückkäme. Sie gebar wieder einen Knaben mit einem Stern auf der Stirn. Die Hebamme nahm den Knaben wieder fort und trug ihn zum Fluß, um ihn zu ertränken. Auf einem Strauch beim Flusse saß ein anderer Rabe und krächzte. «Vortrefflich!» rief das böse Weib, «den ersten hat der erste Rabe gefressen, den zweiten frißt der zweite Rabe, ohne daß es jemand erfährt!» Sie gab ihm das Kind, der Rabe nahm's und flog mit ihm davon. Der Mutter sagte man das gleiche, das man auch dem König schrieb: sie habe wieder eine Mißgeburt zur Welt gebracht.

Traurig kehrte der König aus dem Krieg zurück; er blickte düster und unzufrieden drein. Und als man ihm vorwarf, sein Unglück sei die Strafe dafür, daß er eine stumme, verworfene Bettlerin genommen hatte, verurteilte er sie zum Galgen. Sie aber sprach kein Wörtlein. Geduldig war sie zum Tode bereit.

Schon wurde sie zum Galgen geführt, schon wurde ihr der Strick um den Hals gelegt, da kamen plötzlich ihre beiden Brüder zu Rosse dahergesprengt, ein jeder hatte vor sich einen Knaben mit einem strahlenden Stern auf der Stirn. Mit lauter Stimme riefen sie: «Haltet ein! Tötet keine Unschuldige! Gerechtigkeit!» Dann wandten sie sich zur Schwester und sprachen: «Die drei Jahre sind um, unsere Befreiung ist durch dich vollbracht. Hier hast du deine Kinder; in Rabengestalt haben wir sie aus den Händen der Hebamme gerettet und erzogen. Und nun, herzliebste Schwester, rede!»

Die Königin dankte den Brüdern, und dann warf sie sich dem König zu Füßen und redete. Da enthüllte sich dem König die ganze Wahrheit. Liebevoll hob er die Königin vom Boden und drückte sie an sein Herz. Die Hebamme aber befahl er, auf dem Scheiterhaufen zu verbrennen, und ließ auch über die anderen Gericht halten, die mit ihr im Bunde waren.

Nun lebten König und Königin glücklich miteinander, und die beiden Knaben mit den strahlenden Sternen wuchsen zu stattlichen Jünglingen heran und machten ihren Eltern Freude und Ehre.